FUNÉRAILLES

DU PASTEUR

ÉMILIEN FROSSARD

CÉLÉBRÉES

A BAGNÈRES-DE-BIGORRE

Le 28 Janvier 1881.

> Heureux ces serviteurs que le Maître
> trouvera veillants quand il arrivera.
> Luc XII, 37.

PARIS

GRASSART, LIBRAIRE, 2, RUE DE LA PAIX

—

1881

FUNÉRAILLES

DU PASTEUR

ÉMILIEN FROSSARD

CÉLÉBRÉES

A BAGNÈRES-DE-BIGORRE

Le 28 Janvier 1881.

> Heureux ces serviteurs que le Maître
> trouvera veillants quand il arrivera.
> Luc XII, 37.

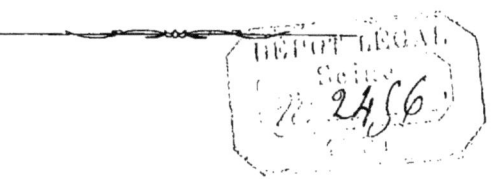

PARIS
GRASSART, LIBRAIRE, 2, RUE DE LA PAIX

—

1881

Benoît-Daniel ÉMILIEN FROSSARD, *né à Paris le 26 Juin 1802, mort à Bagnères le 25 Janvier 1881.*

Pasteur catéchiste, aumônier de la Maison centrale de détention et du Collège royal, adjoint et titulaire à Nîmes, de 1825 à 1847. Directeur du Séminaire près la Faculté de théologie protestante de Montauban, en 1847-48. Pasteur délégué de la Société chrétienne de Bordeaux et de la Société pour l'évangélisation du Béarn et des Pyrénées, auxiliaire du Consistoire d'Orthez et titulaire de Tarbes, de 1848 à 1881.

Fondateur de la Maison de santé de Nîmes, (1842), premier aumônier à l'armée d'Orient, par délégation des Consistoires de Paris, Nîmes et Orthez (1855); président d'âge du Synode général de 1872, etc.

Chevalier de la Légion d'honneur (1840), médaillé de Crimée, membre de l'Ordre de la Couronne des Vendes, etc.

Président de la section du Béarn (Société centrale protestante d'évangélisation), assesseur de la Société du Sou protestant, de l'Institut de charité de Saverdun, etc.

Président de la Société Ramond, pour l'exploration des Pyrénées; membre de l'Académie du Gard, de la Société géologique de France, de la Société pour l'encouragement de l'agriculture et de l'industrie de l'arrondissement de Bagnères; de la Société philanthropique de cette ville; correspondant de la Société des sciences de l'agriculture et des arts de Lille; de la Société Linnéenne de Bordeaux; de la Société de géographie commerciale de cette ville; de la Société d'histoire naturelle de Toulouse, etc.

Les pages qui suivent sont la reproduction d'un article publié par **M. X. Vaussenat, ingénieur civil**, dans la *Petite Gazette de Bagnères-de-Bigorre*, du 29 janvier; on y a intercalé les discours prononcés par MM. les pasteurs **N. Recolin et Cadier et on y a joint l'allocution de M. Sers dans la séance du Comité d'évangélisation tenu à Orthez.**

FUNÉRAILLES

DU PASTEUR

ÉMILIEN FROSSARD

Mardi dernier, une affligeante nouvelle répandait la consternation dans Bagnères et gagnait rapidement toute notre région.

Monsieur Emilien Frossard venait de succomber subitement en sa demeure de l'avenue de Campan.

Nous n'entreprendrons pas de dire les regrets que fit naître partout l'annonce de ce triste événement; chacun sentait qu'une perte immense venait d'être faite, non seulement par la société Bagnéraise, mais encore par la ville elle-même et par le pays tout entier.

Cette perte est surtout grande et considérable pour nous, pour cette *Petite Gazette* dont il fut le principal fondateur, et dont les plus belles pages sont sorties de son âme élevée et de sa plume élégante et facile.

* * *

M. Emilien Frossard a succombé, le 25 janvier, à une affection du cœur, vers neuf heures du matin ; il venait, comme d'habitude, de procéder à sa toilette et achevait de se vêtir.

Dimanche dernier, il avait prêché avec une onction particulière sur la parabole des talents, Mat. XXV. Ses auditeurs furent frappés de la manière dont il parla du serviteur qui *entre dans la joie de son Seigneur* après avoir été *fidèle en peu de chose*. Dans la journée, à la réception de M. le Préfet, il nous disait gaiement ses 78 ans et ne se plaignait que d'un peu de raideur dans les jambes, alors qu'il désirait tant les avoir comme autrefois pour parcourir encore nos belles montagnes. Lundi, il prenait, comme toutes les semaines, le train de Tarbes, où l'appelaient régulièrement les œuvres qu'il y a fondées, et le soir, comme de coutume, il regagnait son domicile de Bagnères. Rien n'a donc pu faire entrevoir une fin si soudaine, si imprévue et qui a d'autant plus impressionné ses amis, que tous nous l'avions vu la veille, allègre, plein de vigueur et avec cette physionomie si respectable, si pleine de bienveillance et de bonté.

* * *

Malgré son éloignement, la famille, immédiatement prévenue, arriva bientôt à Bagnères, pour mesurer toute l'étendue du malheur qui la frappait et pour y recevoir aussi les nombreux témoignages de sympathie et d'estime qui s'attachent à tous ses membres.

Pendant ce temps, de toutes parts, de toutes les villes du midi et du sud-ouest, arrivaient des manifestations de regrets et de deuil sur la mort de notre grand et digne concitoyen.

Ah! c'est que l'œuvre de M. Emilien Frossard est considérable; elle est immense pour nous, Pyrénéens, car nul plus que lui n'a mis notre pays en lumière et attiré sur lui l'attention du monde savant, des visiteurs étrangers et opulents, et nul plus que lui n'a contribué au développement moral de nos centres et au développement matériel de nos intérêts.

*
* *

Nous ne pouvons entreprendre ici l'exposé des travaux si utiles de cette longue et laborieuse carrière, toute consacrée au bien.

La Société Ramond, dont il fut le fondateur et le président constamment réélu, se réserve de le faire complètement et nous avons reçu l'assurance que tous nos lecteurs pourront connaître, par ce travail, l'étendue de la perte immense que vient de faire notre région.

Mais déjà nul de nous n'ignore que le sceau de cet infatigable travailleur est empreint sur toutes les œuvres utiles qui, depuis plus de trente ans, ont été fondées dans le midi de la France et notamment dans notre pays devenu le sien, et dont il a tant contribué à faire connaître les beautés.

***

Hier, par un temps radieux, une assistance nombreuse, venue de divers points du midi, a voulu rendre les derniers devoirs à ce pasteur vénéré, à ce savant, à cet homme de bien. Des hommes éminents, appartenant aux diverses branches sociales, ont voulu se joindre à notre population tout entière et surtout à cette nombreuse phalange des déshérités de la fortune qui suivaient, les larmes aux yeux et le deuil dans le cœur, les restes de celui qui avait été leur bienfaiteur constant et discret; de celui qui, dans ses largesses, soulageait tous ceux qui souffrent, sans mettre en balance leur confession religieuse, en un mot, de celui qui faisait *le bien* pour *le bien*.

La vue de cette longue file recueillie qui a traversé la ville, se dirigeant vers le champ du repos, a remué de nouveau la fibre de nos concitoyens et bien des larmes ont coulé sur le passage du convoi funèbre.

***

La Société philanthropique de Bagnères, dont M. Emilien Frossard était membre honoraire, ouvrait la marche; puis venait le corps, suivi de MM. les pasteurs A. Cadier, président du consistoire d'Orthez; Th. de Félice, d'Orthez; S. Bost, de Salies; Bohin, de Bellocq, tous en robe; accompagnant la famille, c'est-à-dire les fils, filles, gendres, petits-fils et petites-filles de l'honorable défunt.

A la suite, venait un drap mortuaire, porté par MM. Molard, maire de Tarbes; Cantet, conseiller municipal de Bagnères; Hausser, ingénieur du chemin de fer; les membres du conseil presbytéral de Bagnères; un représentant de la Légion d'honneur, dont M. Frossard était membre, et enfin Messieurs les inspecteurs d'académie.

Derrière, venaient groupés les membres de la Société Ramond, l'œuvre de prédilection de M. Emilien Frossard.

Puis une délégation des écoles communales laïques portant une immense couronne, voulant ainsi honorer, tout à la fois, le membre du conseil départemental de l'instruction publique, et le bienfaiteur des écoles. Venait enfin une affluence considérable de citoyens de tous rangs.

Avant la levée du corps, M. D. Blanc, pasteur auxiliaire à Tarbes, et l'un des gendres du défunt, a adressé aux amis quelques paroles touchantes et a fait, au milieu des larmes, une prière émue; puis le cortège s'est rendu au temple qui ne pouvait contenir qu'une partie des assistants.

*
* *

Au temple, dont l'érection est due à l'infatigable persévérance de M. Emilien Frossard, M. le pasteur S. Bost a lu quelques versets de la sainte Ecriture, le cantique : *Ah! pourquoi l'amitié gémirait-elle encore*, et prononcé une fervente prière.

Bientôt après est monté dans la chaire, M. Recolin, gendre du défunt et pasteur de l'Oratoire Saint-Honoré-du-Louvre, à Paris.

Il a prononcé l'allocution suivante :

Texte : Esaïe, ch. LVII, v. 1 : *Le juste meurt, et il n'y a personne qui y prenne garde.*

« MESSIEURS ET CHERS FRÈRES,

« Telle est l'exclamation du prophète Ésaïe à la vue de l'attitude de légèreté et d'indifférence que gardaient les hommes de son temps en présence de la vie et de la mort des hommes de Dieu.

« Certes, Messieurs, notre génération n'est pas essentiellement différente de celle d'Ésaïe : elle a sa part — et une grande part — d'égoïsme et d'insouciance religieuse. Et cependant, si j'en juge par certains faits, si j'en juge par le spectacle de cette foule nombreuse et recueillie qui se presse au dedans et autour de cette enceinte, si j'en juge par le frémissement douloureux et sympathique qui a couru dans tous les quartiers de cette ville, dans toutes les classes de la société quand, mardi matin, a retenti cette nouvelle inattendue : M. Frossard est mort ! il ne me semble pas que nous méritions absolument cette fois le reproche du prophète, il ne me semble pas que nous soyons insensibles à l'attrait que doit exercer sur notre âme une longue et noble vie, couronnée par une vieillesse sereine et pure, et terminée par une mort soudaine. Avant que, faisant violence à mon émotion personnelle, j'aie ouvert la bouche pour parler dans ce temple de ce mort vénéré, vous avez déjà rendu hommage à sa mémoire, vous avez admiré la richesse et la variété des dons que la divine Providence avait départis à M. Frossard et dont, par la grâce de Dieu, il a fait un si bon usage. — Vous avez signalé cette intelligence, à la fois si ouverte et si ferme, qui, non seulement l'a rendu capable de s'intéresser à toutes les choses de l'esprit, à tous les progrès, à tous les affranchissements légitimes dans tous les domaines : la science, l'art, la littérature, la politique, la morale, l'industrie, l'agriculture elle-même, mais lui a encore inspiré le désir et lui a communiqué la force, sans jamais négliger les devoirs de son ministère religieux, de coopérer d'une manière personnelle à tous ces progrès, à tous ces affranchissements, avec une ardeur et une persévérance que couronnait presque toujours le succès, — témoin cette Société Ramond, dont il était le président et dont vous parlera tout à l'heure une voix autorisée et sympathique, et tant d'autres associations scientifiques ou philanthropiques dont il a été, ici et ailleurs, le soutien, l'âme, sinon le fondateur. — Mais ce qui vous a surtout attirés et gagnés, c'est de rencontrer en lui, à côté de ces marques de la distinction intellectuelle, cet ensemble de qualités morales qui constituent la vraie valeur d'un homme et donnent tant de charme à son commerce : une amabilité et une aménité de caractère qui ne se démentaient jamais ; une générosité, une jeunesse de sentiments qui s'était si bien conservée à travers les épreuves et les déceptions de la vie, à travers les défaillances physiques de l'âge qu'on se rappelait en l'approchant cette parole de l'Écriture : « ta « jeunesse sera renouvelée comme les ailes de « l'aigle », et, par dessus tout, cette flamme du cœur qui s'appelle *la bonté*, qu'il faisait rayonner sans effort, jour après jour, autour de lui, non seulement sur tous les membres de la famille — ah ! nous le savons, nous ! — enfants, petits enfants, arrière-petits-enfants, sœurs, frères, parents éloignés, serviteurs, mais encore sur ses nombreux amis, sur ses concitoyens et sur ses contemporains, sans distinction de parti, de rang, de nationalité, de religion, Anglais et Français, pauvres et riches, ignorants et savants, conservateurs et libéraux, catholiques et protestants, chrétiens et libres-penseurs. C'est là ce qui l'a fait surtout connaître et aimer dans tous les lieux où il a résidé, et particulièrement dans cette jolie ville de Bagnères où il a vécu plus de 32 ans, et, dans les vallées de ses chères Pyrénées où on l'a vu si souvent arriver dans la saison des eaux, le bâton à la main, après avoir manié successivement en chemin le crayon du dessinateur ou le marteau du géologue, tandis que dans une de ses poches, près de son cœur, se cachait le livre sacré, le Nouveau-Testament, dont il devenait le soir, devant un auditoire varié et attentif, l'interprète éloquent et fidèle.

« Oui, je le sais, je le sens et, au nom de toute sa famille, je vous en remercie, vous gardez et vous garderez longtemps dans votre cœur le souvenir de cet homme de bien que le Seigneur vous avait envoyé.

« Et pourtant, si vous en restiez à cette impression, à ce souvenir, quelle qu'en soit la douceur, vous risqueriez encore de vous attirer le reproche du prophète. Quand il s'écrie : « Le juste meurt, « et il n'y a personne qui y prenne garde », il ne veut pas tant affirmer qu'autour de lui on ne rendait pas justice aux qualités aimables et naturelles de ceux qui disparaissaient de la terre des vivants, mais qu'on ne savait pas discerner le principe, l'âme cachée de leurs vertus. Eh bien, Messieurs, sachons prendre garde dans ce sens à la vie et à la mort de cet homme dont nous n'avons plus là que la dépouille périssable.

« Il y a eu ici plus qu'un homme, un homme aimable et distingué, il y a eu un *chrétien.* Oui, Messieurs, le vénérable et maintenant bienheureux Émilien Frossard a été un chrétien, un disciple croyant et fervent de Jésus-Christ, du vrai Jésus-Christ, du Jésus-Christ des Écritures, qui est aussi celui de la conscience et du cœur, de Jésus-Christ, Fils éternel de Dieu, devenu le Fils de l'homme, Dieu manifesté en chair, seul Sauveur et Médiateur de l'humanité déchue. La piété, une sérieuse et évangélique piété, était le centre, le foyer vivifiant où toutes ses qualités naturelles, les dons de son esprit comme ceux de son cœur, venaient se retremper, se réchauffer et se purifier ; elle était aussi la source jaillissante d'où procédaient toutes ces belles et bonnes œuvres qui vous l'ont rendu si cher et que la grâce divine lui a donné d'accomplir.

« Ah ! Messieurs, vous avez entendu plus d'une fois répéter autour de vous cette vieille calomnie, réfutée tant de fois par les faits, que la foi chrétienne rapetisse l'esprit, amollit et appauvrit les facultés, qu'elle n'est bonne que pour les femmes et pour les enfants, ou tout au plus encore pour les esprits faibles et les cœurs blessés; vous avez entendu dire qu'au lieu d'être comme un soleil resplendissant qui éclaire et réchauffe, elle est comme une lune mélancolique destinée à jeter ses pâles lueurs sur une nature endormie. Cela peut être vrai d'une certaine foi, d'une foi étroite et bigote qui s'appuie sur les traditions des hommes et non sur l'Évangile éternel, qui se nourrit de légendes et de superstitions et non de vérités divines et révélées ; mais cela est faux, absolument faux, de la vraie foi, de la foi ferme et large, qui puise ses inspirations à la vraie source, la Parole de Dieu contenue dans les Saintes-Écritures, l'Évangile de Jésus-Chrit cherché où il est, dans ce Nouveau-Testament qui en est le document seul authentique et inspiré. Toute la vie de M. Frossard rend témoignage à cette foi là.

« Converti de bonne heure à Jésus-Christ comme à son Dieu Sauveur, ayant trouvé en Lui le pardon de ses péchés, la paix de sa conscience, la lumière de son esprit et la régénération de son cœur, animé de l'esprit de ce grand réveil religieux dont le souffle bienfaisant passait alors sur nos Églises, il a saisi, avec une entière simplicité de foi, et il a toujours professé avec netteté les grandes doctrines du Christianisme apostolique; il a cru à la réalité tragique du péché et à la souveraineté de la grâce, à la sainteté parfaite et à l'éternelle divinité du Rédempteur, à la nécessité de la conversion et de la sanctification par le Saint-Esprit, à la certitude et à la beauté de la vie éternelle et aussi, ajoutons-le, à l'inspiration et à l'autorité religieuse des Saintes Écritures qui étaient pour lui la règle infaillible de la foi et de la vie. Et ces doctrines là ne sont pas restées dans son esprit à l'état de formules abstraites ou de lettre morte; il a travaillé, avec la grâce d'en haut, par la méditation, par la prière et par la lutte morale, à les faire passer dans son cœur et de son cœur dans sa vie. Au milieu des agitations de la pensée moderne et des luttes ecclésiastiques comme à travers les révolutions politiques et sociales dont il a été le témoin, il les a toujours gardées et expérimentées dans son âme; elles ont consolé ses deuils, adouci sa solitude, sanctifié sa vie; elles ont illuminé d'avance les obscurités de la mort vers laquelle — nous en avons la preuve, — il se sentait marcher à grands pas; elles ont communiqué à ses derniers écrits et à ses dernières prédications une saveur pénétrante de vie intérieure, une sainte et joyeuse aspiration vers la patrie céleste. Il y a quelques semaines encore, il les proclamait, avec une douceur mêlée de force, sur la tombe de cet humble serviteur de l'Église qu'il aimait et traitait comme un frère et un compagnon de service et dont le souvenir restera attaché avec le sien aux pierres de ce temple, le pieux Meynier. Il est mort en quelque sorte debout, comme « le serviteur que le Maître a trouvé veillant, » il est mort dans la plénitude de ses facultés et de son activité, après 56 ans de ministère, après avoir prêché deux jours auparavant dans ce temple — du haut de cette chaire où sa Bible, son livre de liturgie et de cantiques sont là, devant moi, à la même place où il les a laissés — après avoir prêché, dis-je, son dernier sermon sur la *parabole des talents*, qu'il termina par cet avertissement solennel adressé par le Christ à tous ses disciples : « Veillez donc, car vous ne savez ni le « jour ni l'heure où le Fils de l'Homme viendra. »

« Voyez donc, Messieurs, ce qu'a été, sous le rayon ardent de cette foi en nos jours si décriée, la vie de cet homme : une vie bonne, belle, pure, laborieuse, consacrée au service de Dieu et au service de ses frères… et rendez donc justice à cette foi; donnez gloire, oh ! donnez gloire à l'Évangile.

« Et ceci m'amène, Messieurs, à la seconde chose à laquelle il nous faut « prendre garde » dans cette vie et dans cette mort. Il y a eu ici plus qu'un homme, plus qu'un chrétien, il y a eu un *pasteur*, un vrai pasteur des âmes que dévorait « le zèle de la maison de Dieu » et qui a rendu honorables à la fois son ministère, sa famille, et cette Église protestante réformée dont il a été pendant 56 ans le ministre.

« Que de bien n'a-t-il pas fait, par la grâce de Dieu, dans la première période de son ministère, dans cette grande Église de Nîmes qu'il a servie pendant 22 ans (de 1825 à 1847), lui donnant les plus belles années de sa jeunesse et de sa maturité ! Que d'intéressantes et utiles publications il a produites : l'*Ami de la Famille, La vie réelle, Le Livre des faibles, Les Archives évangéliques!* — Que d'œuvres excellentes il a fondées, en collaboration avec plusieurs de ses collègues, et, en particulier avec son excellent et fidèle ami, le pasteur Abraham Borel, dont le souvenir est resté à Nîmes uni au sien, et entre toutes les autres cette œuvre de la *Maison de santé* qu'il considérait comme son plus précieux joyau, et qui est devenue bientôt un foyer de consolation et d'édification chrétienne. — Que d'âmes il a eu le privilège d'enfanter à une vie nouvelle, surtout parmi la phalange des jeunes gens! Hélas! plusieurs d'entre eux parmi les meilleurs, les plus utiles, les Levat, les Constant, les Léon Noguier, les Maury, les Heimpel-Boissier, les Émeric Granier, les Larnac, pour ne parler que des hommes, ont disparu avant lui de la terre des vivants et ont dû l'accueillir, il y a trois jours, dans les tabernacles éternels...

« Oublierai-je de mentionner l'action bienfaisante qu'il a exercée dans son court, mais laborieux ministère en Orient (1er janvier à fin mai 1855), où il fût appelé à la fois comme aumônier et comme organisateur de la première aumônerie protestante en temps de guerre? Ses charmantes *Lettres d'Orient*, écrites à ses enfants au courant de la plume, nous font assister à tous les détails de son activité en faveur de ces nombreux soldats de tout grade et de toute condition qu'il a rencontrés, et spécialement de ces malades, de ces blessés, de ces mourants qu'il a visités et consolés, ou dans les hôpitaux de Constantinople, ou dans les ambulances et sur les champs de bataille de la Crimée, sous les murs de Sébastopol.

« Et qui pourrait enfin raconter tout le bien qu'aidé de sa pieuse et vénérée sœur, il a fait ici même, pendant les 32 années (août 1848 à janvier 1881) d'un pastorat dont vous avez été, Messieurs et chers frères, à la fois les témoins et les objets? Les petites communautés protestantes du département des Hautes-Pyrénées, jadis ignorées, dispersées au sein d'une population catholique et demeurées si longtemps sans culte, sans pasteur et quelquefois hélas! sans foi et sans zèle, qu'il a rassemblées, vivifiées et constituées en Églises: d'une manière permanente, à Bagnères et à Tarbes; en été, à Cauterets, à Saint-Sauveur, à Luz, à Barèges, et au camp de Lannemesan; les trois temples qu'il a fait bâtir pour être les sanctuaires de notre culte et les témoins visibles de nos principes; l'école de Tarbes qu'il a fondée, sa dernière et chère préoccupation; sa mission périlleuse en Espagne auprès des protestants persécutés; j'ose ajouter la bonne réputation qu'il s'est acquise dans tout le pays et que du même coup il a acquise au Protestantisme jusqu'à lui inconnu ou calomnié — ce sont là les fruits visibles et tangibles de son œuvre (1). Mais quant au bien caché qu'il a pu faire dans le secret de l'intimité, soit à ses paroissiens, soit aux habitants de cette ville, soit à cette légion d'étrangers venus de tous les bouts de l'horizon qui ont traversé ou habité temporairement la contrée, à tous ces malades de corps ou d'esprit que Dieu a placés sur son chemin et qu'avec son admirable intelligence de la cure d'âmes il savait si bien fortifier... nul ne peut le dire, Dieu seul le connaît, et cela suffit; n'est-ce pas de Lui que procède toute grâce excellente et tout don parfait?

« Oui, ô père, ô pasteur, ô ami vénéré, — gloire soit non pas à toi, mais à la grâce de Dieu qui

---

(1) Nous croyons devoir mentionner ici la manière si simple et si digne dont M. Frossard ouvrit, comme doyen d'âge des pasteurs, le Synode général de l'Église réformée de 1872, et prononça l'admirable prière liturgique connue sous le nom de *Confession des péchés*.

agissait puissamment en toi, — tu n'as pas parlé, tu n'as pas travaillé en vain ! Notre perte est grande, notre douleur est profonde, mais elle est sans amertume, elle est pleine de souvenirs et d'espérances ! En contemplant cette dépouille, nous pouvons t'appliquer cette parole de Saint Paul : « J'ai combattu le bon combat, j'ai achevé ma « course, j'ai gardé la foi ! » Et en regardant du côté du ciel nous pouvons répéter la déclaration de l'Esprit : « Heureux les morts qui meurent au « Seigneur, car ils se reposent de leurs travaux « et leurs œuvres les suivent ! » C'est pourquoi, ô père, ô pasteur, ô ami vénéré, que ta mémoire nous soit douce et que le nom de ton Dieu et de notre Dieu que tu as si fidèlement servi, soit par nous béni et glorifié !

« Et maintenant, avant de finir, laissez-moi, Messieurs, rentrer dans l'esprit de l'avertissement de mon texte en vous disant : Prenez garde à cette vie et à cette mort !

« Prenons-y garde, nous tout d'abord, ses enfants, qui pleurons ce mort bien aimé. Son souvenir nous restera comme un parfum d'agréable odeur ; oh ! qu'il nous reste aussi comme un cordial et comme un stimulant ! Quand nous reviendrons à l'avenir, — car nous y reviendrons ! — dans ce cher Bagnères dont il était pour nous le plus doux attrait, nous ne le retrouverons plus dans cette maison hospitalière où il aimait tant à nous recevoir ; nous n'entendrons plus sa parole, tour à tour si sérieuse et si enjouée ; nous ne verrons plus ce noble visage où l'expression de la gravité était si bien tempérée par celle de la sérénité et de la tendresse ! Mais sa pensée restera vivante au milieu de nous et entre nous ; elle demeurera le lien invisible, mais fort, qui reliera les membres épars de nos familles. Oh ! puisse-t-elle être aussi une lumière, un préservatif, une force pour nos enfants et nos petits-enfants ! Et puisse l'esprit du chef de famille disparu renaître et revivre dans chacun de ses membres !

« Prenez-y garde aussi, vous, ses collègues et amis de la Consistoriale du Béarn, qui êtes venus ici de loin pour lui rendre avec nous les derniers devoirs — et merci de votre présence, merci de la vénération affectueuse dont vous l'avez toujours entouré. Que le souvenir de sa piété, si pure et si ferme dans ses affirmations, mais si tolérante et si fraternelle dans ses relations, vous soit un exemple.

« Prenez-y garde, vous surtout, membres de son petit troupeau de Bagnères qui semblait lui être cher en proportion même de sa petitesse, vous qui avez si souvent recueilli les appels de sa prédication et les conseils de son expérience. Oh ! soyez reconnaissants, soyez fidèles à sa mémoire, en étant fidèles à ce Dieu-Sauveur dont il vous racontait les miséricordes, en étant fidèles dans la recherche de « toutes ces choses qui « sont vraies, qui sont justes, qui sont aimables, « où il y a quelque vertu et quelque louange, que « vous avez apprises, reçues et vues en lui ». Et que le Seigneur vous accorde la grâce de trouver après lui un pasteur selon son cœur et selon le vôtre, qui continue son œuvre et que vous souteniez de votre sympathie et de vos prières !

« Prenez-y garde enfin, vous ses concitoyens, habitants de la ville de Bagnères, qui entourez avec nous ce cercueil. Ah! vous le savez, il aimait votre ville : il était toujours prêt à payer de sa personne quand il s'agissait de sa prospérité intellectuelle, morale ou même matérielle ; il aimait passionnément vos montagnes : dès sa jeunesse, il avait commencé à les parcourir et à les faire connaître; il en reproduisait dans de rapides esquisses les contours variés, il en scrutait les pierres, il en notait et en révélait les richesses ; mais ce qu'il aimait avant tout, sachez-le bien, c'était vos âmes immortelles; ce qu'il désirait, ce qu'il poursuivait avant tout, c'était votre régénération individuelle et morale, c'était votre salut par l'Évangile, le pur Évangile de Jésus-Christ; chez lui, les aspirations de l'artiste et du savant étaient toujours surpassées et dominées par les préoccupations du chrétien et du pasteur. Et s'il m'est permis, à cette heure de deuil, qui doit être aussi une heure de franchise, de dire toute la vérité, il souffrait profondément, — j'ai été quelquefois le confident de cette sainte douleur — de voir tant de bons amis qu'il avait à Bagnères s'arrêter à l'estime, à l'affection pour l'homme au lieu d'ouvrir leurs cœurs au message de l'envoyé de Jésus-Christ et, donnant un démenti persistant à toutes ses espérances, demeurer, dans le domaine religieux, inactifs et immobiles, comme un navire échoué, entre les plages stériles de l'incrédulité et les eaux dormantes de la superstition. Oh! comme il aurait voulu que cette ville, que ce pays qu'il a tant étudié et aimé, en arborant le drapeau du progrès et de la liberté dans tous les sens, arborât aussi et déployât un autre drapeau,— celui-là plus beau, plus large et plus durable encore — celui de l'Évangile de Jésus-Christ!

« Seigneur, toi de qui vient toute grâce, exauce cette prière de son cœur, qui est aussi notre prière, et que ton règne, le règne de la justice, de la vérité, de la concorde et de la fraternité, vienne enfin et s'établisse à jamais dans ce pays, dans cette ville et dans tous nos cœurs, au nom de notre Seigneur et Sauveur Jésus-Christ.

« *Amen.* »

Où trouver un plus beau sujet de panégyrique que celui de ce savant, de cet artiste, de ce philanthrope, de ce libéral qui, dans notre pays, a servi de trait d'union entre tous les hommes de valeur, que séparaient les préjugés de caste, d'opinions politiques ou de conditions sociales?

Bien des yeux se sont mouillés au souffle du sympathique orateur.

*
* *

Le cortège s'est ensuite dirigé lentement vers le cimetière; là, après que le corps a été déposé en terre auprès des restes mortels de la sœur du défunt, Mlle Jenny Frossard, M. le pasteur Cadier, de Pau, le digne président du consistoire d'Orthez, a prononcé les paroles suivantes :

« Au nom de Dieu, Père, Fils et St-Esprit!
« Nous déposons ici la dépouille mortelle

d'Emilien Frossard, né à Paris le 26 juin 1802, décédé à Bagnères le 25 janvier 1881.

« Le corps va retourner en terre d'où il a été tiré, mais l'esprit est retourné à Dieu qui l'a donné.

« Seigneur, tu nous l'avais donné, tu l'as repris à toi. Ah! que nous puissions dire avec l'humble résignation du patriarche : *Que le nom de l'Eternel soit béni!*

« Frères et amis, si j'obéissais à mes sentiments personnels, je me contenterais de pleurer et de me taire devant cette tombe ouverte; mais, comme ami, collègue et président du Consistoire, je ne puis me dispenser du devoir de dire quelques mots.

« Jésus a dit en parlant du précurseur : *Jean était une lampe allumée et brillante, et vous avez voulu pour un peu de temps vous réjouir à sa lumière.* Ces paroles peuvent s'appliquer à celui que nous pleurons. Une grande lumière vient de s'éteindre, qui n'a pas seulement brillé à Bagnères et dans nos Pyrénées, mais dans nos Églises de France. Les heureux dons que notre frère avait reçus de la nature ont été sanctifiés par la grâce; Frossard a été, nous ne dirons pas un homme parfait, — la perfection n'existe pas sur la terre, — mais un homme complet chez qui l'intelligence, le cœur, l'imagination, la volonté s'unissaient dans une admirable harmonie : savant, artiste, chrétien; joignant à une austère sévérité de doctrine et de principes une amabilité, une bienveillance qui le faisait respecter, aimer et écouter de tous, grands et petits, et qui lui a permis d'exercer une si bonne influence et d'accomplir tant de bien...

« Son témoignage évangélique ne se fera plus entendre parmi nous; les hommes passent, les serviteurs de Dieu se succèdent! Il a passé à son tour et il n'est pas de ces hommes que l'on remplace; mais il nous *reste un témoignage plus grand que celui de Jean-Baptiste,* plus grand que celui de Frossard, c'est celui de Jésus-Christ, qui est toujours le même, hier, aujourd'hui, éternellement; celui de l'Evangile éternel. — C'est cette enclume que nous opposons aux coups des adversaires et qui a déjà usé bien des marteaux. On a osé dire : le christianisme a fait son temps! Cela peut s'entendre peut-être d'une forme altérée du christianisme, mais non du vrai et pur évangile. Tant qu'il y aura sur la terre un pécheur qui sente sa misère, une âme altérée de vérité, de pardon, de sainteté, Jésus-Christ sera nécessaire, et aujourd'hui il l'est plus que jamais.

« Adieu donc, mon cher frère et ami. Tu as accompli ta tâche, tu as achevé ta course, tu as gardé et proclamé la foi. A nous de poursuivre l'œuvre. Tu as semé, nous continuerons de semer; nous recueillerons peut-être une partie de ce que tu as semé. Dans le vaste champ du Maître, l'un sème et l'autre moissonne, et plus tard l'un et l'autre en auront de la joie.

« Adieu, au nom de cette église éplorée de Bagnères et de Tarbes, et du peuple de cette ville qui prend part à ce grand deuil.

« Adieu, au nom de ta nombreuse famille, enfants et petits-enfants, accourus de loin pour se réunir dans la tristesse autour de ta dépouille mortelle, comme autrefois ils se réunissaient dans la joie autour du patriarche vénéré et aimé.

« Adieu, au nom de nos Églises du Béarn et des Pyrénées, au nom de la Société d'évangélisation que tu as fondée, au nom du Consistoire d'Orthez où tes avis étaient toujours appréciés.

« Adieu, mais non pas pour toujours, car tu n'es point mort — le chrétien ne meurt pas, — il va au contraire de la mort à la vie, et même la partie mortelle de son être sera absorbée par la vie: le corps semé corruptible ressuscitera incorruptible. Il n'y a que le mal qui périra; le bien sera éternel. Trois choses demeurent: la foi, l'espérance et la charité; la charité ne périt jamais, et nous aimons à te contempler déjà, bien-aimé frère, dans le sein de ton Rédempteur. *Amen!* »

Puis, l'un des secrétaires de la Société Ramond, M. J.-J. Dumoret, a prononcé, au nom de cette Société, le discours suivant :

« Messieurs,

« Vous savez ce qu'était le pasteur. — Des voix éloquentes et émues vous ont retracé sa vie religieuse et vous ont rappelé sa foi sincère, sa bienfaisance inépuisable, son dévouement absolu à ses œuvres, sa bienveillance, sa charité, sa tolérance, ses vertus. — Ses collègues et ses proches ont parlé au nom de son Église et de sa famille; la Société Ramond, autre famille aussi, ne peut pas laisser se fermer cette tombe sans dire un dernier adieu à celui qui fut son fondateur et son Président.

« M. Frossard aimait la science et les montagnes. Il se sentait attiré par la grandeur de nos cîmes et la beauté de nos vallées. Il essayait par l'étude de pénétrer les mystères de leur création ou de leur composition.

« Cette double passion de la science et des montagnes constitua, en dehors de son ministère, la vie presque entière de notre Président. Jeune étudiant encore, il visita pour la première fois nos Pyrénées, en 1821; il en parcourut les abruptes sentiers et les gorges sauvages; il en gravit les pics alors presque inexplorés et les glaciers étincelants. Il fixait déjà, par de rapides esquisses, les spectacles grandioses ou gracieux qu'il rencontrait dans ses courses; il notait nos coutumes, étudiait nos traditions, se préparant ainsi, à son insu peut-être, à continuer par la Société, au nom de laquelle je parle, l'œuvre du savant qu'il lui donna pour patron.

« M. Frossard nous revint maintes fois; il ne pouvait résister au charme; nos Pyrénées l'attiraient.

« Enfin, en 1848, il vint s'établir définitivement parmi nous, et pendant 32 ans, il donna à nos chères Pyrénées toutes les heures, tous les moments, toutes les minutes laissées disponibles par son apostolat, qu'il continua, on vous l'a dit, jusqu'à sa dernière heure.

« Et alors l'œuvre de M. Frossard grandit. Son dessin plus ferme reproduisit l'aspect de la roche, le relief du paysage, la profondeur du ravin. Il scruta la pierre en savant, comme il scrutait le cœur en apôtre et dans ses études de toute une vie, il faisait des découvertes nouvelles enregistrées successivement par les savants illustres de l'Institut et par les sociétés nombreuses dont il était le collaborateur et le membre.

« Ce fut dans les quelques années qui suivirent 1848, que M. Frossard, reprenant les études des Ramond, des Palassou et des Charpentier, rappela aux hommes de science *ses* Pyrénées trop oubliées par eux, pendant qu'à la même heure, il cherchait à inspirer l'amour de la nature et de la science aux hommes, jeunes alors, qu'il instruisait de sa parole, qu'il animait de son exemple.

« Mais notre Président regretté n'était pas seulement un homme de science abstraite, c'était aussi un homme pratique, qui aimait ses semblables et qui comprenait et voulait faire comprendre à tous, que pour être utiles au grand nombre, il fallait que les résultats acquis dans le laboratoire ou dans le cabinet fussent vulgarisés et répandus.

« Et c'est alors qu'en 1859, avec M. Weddell, il créa la Société d'encouragement pour l'agriculture et l'industrie, dont il fut jusqu'à son dernier jour le membre le plus zélé.

« M. Frossard, dans cette œuvre, ne nous apportait point des procédés de cultures nouvelles; il ne nous présentait pas des instruments perfectionnés; il ne nous parlait pas de races améliorées ou de machines à introduire : mais son action, pour être moins technique, n'en était ni moins utile ni moins féconde. En dehors de l'étude du sol et des amendements qu'il professait en maître, il dirigeait l'association avec sa connaissance profonde des hommes et de l'administration. Les services qu'il a rendus à cette Société sont immenses et les paysans de nos vallées profondes, pâtres ou agriculteurs, qui ne connaissent ni le ministre, ni le littérateur, ni le savant, ni l'artiste, savent le nom de M. Frossard, l'un des créateurs de la Société d'agriculture, qui a rendu et qui rend encore de si éminents services aux propriétaires et aux cultivateurs de notre pays.

« Cette œuvre restreinte, quelque utile qu'elle fût, ne pouvait suffire à l'activité de M. Frossard. Il étudiait les terrains, cherchait et classait les fossiles, décrivait les roches, enrichissait ses collections; il modelait le relief de nos Pyrénées centrales, écrivait des notices, correspondait avec les savants, parlant à tous de ses chères montagnes; mais bien souvent il nous l'avait dit, il manquait un lien pour resserrer des forces éparpillées et pour concentrer dans une action commune l'étude, à tous les points de vue, institutions, hommes et choses, passé et présent, de ses Pyrénées qu'il aimait tant.

« Ce fut alors qu'il songea à la création de la Société Ramond. Nul mieux que lui ne pouvait tenter cette œuvre. Alpiniste résolu, dessinateur habile, géologue émérite, littérateur distingué, il pouvait s'adresser à tous; et comme sa bienveillance et sa modestie étaient égales à sa réputation et à sa largeur d'idées, il pouvait grouper autour de lui, quelles que fussent leurs aptitudes diverses, leurs croyances personnelles ou leurs opinions politiques, tous ceux qui, comme lui, aimaient ce beau pays et s'intéressaient à son histoire, à ses monuments, à ses richesses, à son avenir.

« M. Frossard créa donc la Société Ramond et, à son appel, des membres de l'Institut, des professeurs du Muséum ou des Facultés, des artistes, des savants, des historiens et de simples amants des beaux spectacles de la nature le prirent pour Président et pour guide, et durant quinze années lui ont continué ce respect, cette considération, cette affection dont ils lui donnent en ce moment un dernier témoignage.

« M. Frossard participa largement à la création de l'Observatoire du Pic du Midi, rêvé par les Herschell et les Babinet, — la grande œuvre de notre Société, — et qui n'a dû sa réalisation qu'aux hommes aussi intelligents qu'intrépides et résolus, que notre regretté Président avait rattachés par un lien étroit à notre association.

« Le passé de la Société Ramond a été brillant et prospère, grâce à M. Frossard. Son avenir m'effraierait, si je n'avais appris de lui qu'il ne faut jamais désespérer, et que le travail et la lutte sont la loi de l'humanité. Ne devons-nous pas d'ailleurs à notre affection, pour l'homme qui la fonda, de redoubler d'efforts pour continuer celle de ses œuvres laïques à laquelle il était le plus attaché.

« Le secrétaire de la Société Ramond a parlé. Permettez au Bagnérais et à l'ami de celui que nous pleurons, de rappeler qu'à Bagnères, tous l'aimaient et l'estimaient, parce que tous savaient qu'il partageait leurs joies comme leurs tristesses et que jamais on ne le trouva indifférent pour toute œuvre, Société de secours mutuels, Société coopérative, instruction publique, bibliothèque populaire, qui pouvait améliorer la situation du pauvre ou charmer les heures du riche.

« L'ami a vécu côte à côte avec lui; il l'a vu dans sa famille, dans ses relations intimes; il a reçu les confidences de son cœur, il a su les aspirations de son âme, et toujours il se sentait plus fort, plus rasséréné, meilleur, lorsqu'il le quittait et en ce triste moment, alors qu'il ne doit plus ici-bas entendre sa parole toujours sereine, il lui jette à travers le temps ce cri d'espérance :

« Au revoir, M. Frossard, au revoir. »

*
* *

M. Vaussenat, secrétaire en fonctions de la Société Ramond, a pris ensuite la parole en ces termes :

« Messieurs,

« Je n'ajouterai rien à l'historique si réel que vous venez d'entendre.

« Mandataire fidèle de ceux qui m'ont délégué, je viens simplement m'acquitter d'un strict devoir.

« C'est celui ne pas laisser fermer cette tombe, sans dire un dernier et suprême adieu à l'homme éminent, au maître vénéré dont elle va couvrir les restes.

« Au nom de la Société d'encouragement de l'arrondissement de Bagnères, dont M. Emilien

Frossard a été, il y a vingt ans, le principal fondateur et toujours le guide solide et sûr ;

« Au nom de la Commission de l'Observatoire du Pic du Midi, dont l'énergique président est ici écrasé par l'émotion ; au nom de nos pionniers, qui ont toujours trouvé dans le vulgarisateur que nous pleurons, les encouragements et l'appui moral, qui auraient fait rejeter bien loin en arrière les défaillances dans l'œuvre entreprise, si jamais elles avaient pu naître ;

« Au nom de la Société linnéenne de Bordeaux, qui selon les termes de l'émouvant télégramme qu'elle vient de nous adresser, perd en M. Frossard un membre honoraire qu'elle entourait d'un affectueux respect. Elle tient à entendre exprimer sur cette tombe les sentiments de deuil qu'elle éprouve et l'assurance formelle qu'elle conservera, pieusement, le souvenir de cet homme de bien et de ce savant aimable qui a tant fait pour l'histoire naturelle de notre région du sud-ouest et du midi ;

« Au nom du Club alpin français, qui vient de nous le faire exprimer, un adieu solennel est adressé à ce vénéré patriarche des alpinistes, à qui, après Ramond et bien avant tous les autres, les Pyrénées ont dû d'être étudiées, aimées et révélées ;

« Adieu cher maître !

« Si jamais les cœurs des jeunes générations pyrénéennes se desséchaient, au point d'oublier vos enseignements et l'étendue de vos travaux, nous nous rassurerions car, tout ici, nos montagnes, nos vallées, nos institutions, vos bienfaits, leur rappelleraient votre action incessante, les flots de vie et de lumière que vous répandiez autour de vous.

« Au nom de tous, Adieu ! »

Après quelques mots de remerciements adressés à la nombreuse assistance, par M. Recolin, au nom de la famille et la bénédiction liturgique, la foule s'est écoulée lentement et profondément émue..... Et aujourd'hui, comme hier, comme mardi, nous entendons encore autour de nous dire avec une inquiétante anxiété : *Qui remplacera au milieu de nous et dans toutes ses œuvres, l'éminent citoyen que nous venons de perdre?*

Parmi les nombreuses lettres et dépêches envoyées à l'occasion de la mort de M. Emilien Frossard, il est impossible de passer sous silence la dépêche suivante reçue de Montauban : « La Faculté pleure avec vous et avec l'Église. Le Doyen : Bois, » et cette phrase d'une lettre du président du Consistoire de Paris : « Hier, (28 janvier) au Consistoire, on a décidé que l'expression des regrets de l'assemblée pour la perte que l'Église fait dans la personne de votre père, qui représentait notre foi avec tant d'autorité et de distinction, serait consignée au procès-verbal de la séance ».

Depuis, les sociétés biblique de France, centrale d'évangélisation, d'Histoire du protestantisme et d'autres, ont exprimé leurs douloureux regrets et leur sympathie. Voici en quels termes s'est exprimé M. Sers à la séance de la Société d'évangélisation du Béarn.

« Messieurs,

« Chaque année, chacune de nos assemblées générales nous apporte de nouvelles épreuves, des pertes bien sensibles.

« Aujourd'hui, l'Eglise et particulièrement la Société du Béarn et des Pyrénées, sont en deuil.

« M. Frossard, le fondateur de la Société, son agent le plus actif, vient de nous être enlevé subitement. Au lieu de sa parole vibrante et sympathique qui gagnait les cœurs et les inclinait aux causes qu'il défendait, vous n'entendrez que le tribut de nos regrets, l'expression de notre douleur en présence du vide profond qui s'est fait parmi nous, et que nous ne savons comment combler.

« Il y a quatre jours, les rues de Bagnères étaient traversées par un immense convoi funèbre. Toute la ville était sur pied et les populations étaient accourues de loin pour rendre un dernier témoignage à celui dont la vie s'était passée à faire le bien, au pasteur fidèle, à l'homme d'une bienveillance inaltérable qui avait répandu tout autour de lui les conseils de la Science et les enseignements de la Parole de Dieu; car notre bien aimé Président réunissait les talents et les dons les plus distingués, et il était infatigable à les employer au service de ses amis.

« Toute sa vie était inspirée d'une foi profonde, et, sur sa figure vénérable, brillait l'expression de l'amour chrétien qui allait au cœur de tous ceux qui le fréquentaient.

« Pauvres et riches venaient à lui, avec confiance, pour être consolés, soutenus, dirigés dans les épreuves de la vie; et tous se sentaient rassérénés, relevés par cette âme paisible, qui savait se rapprocher d'eux et s'associer à leurs sentiments intérieurs.

« Et maintenant, qui remplacera, au milieu de nous, ce grand dévouement, cette activité si incessante?

« Les dispensations de Dieu sont mystérieuses et insondables. En retirant à lui, dans la vie bienheureuse et sans fin, celui qui donnait ces nobles exemples, n'a-t-il pas voulu nous dire qu'il faut de nouveaux ouvriers dans le champ de la vie chrétienne, et que chacun de nous doit s'attribuer une part, une petite part, au moins, dans la tâche que notre ami remplissait pour que le faisceau de nos efforts réunis ne laisse pas en souffrance les œuvres qu'il avait entreprises et fait vivre pendant de longues années?

« C'est ce que chacun de nous doit essayer dans la limite de ses facultés. C'est ce que nous demandons à Dieu de nous inspirer. »

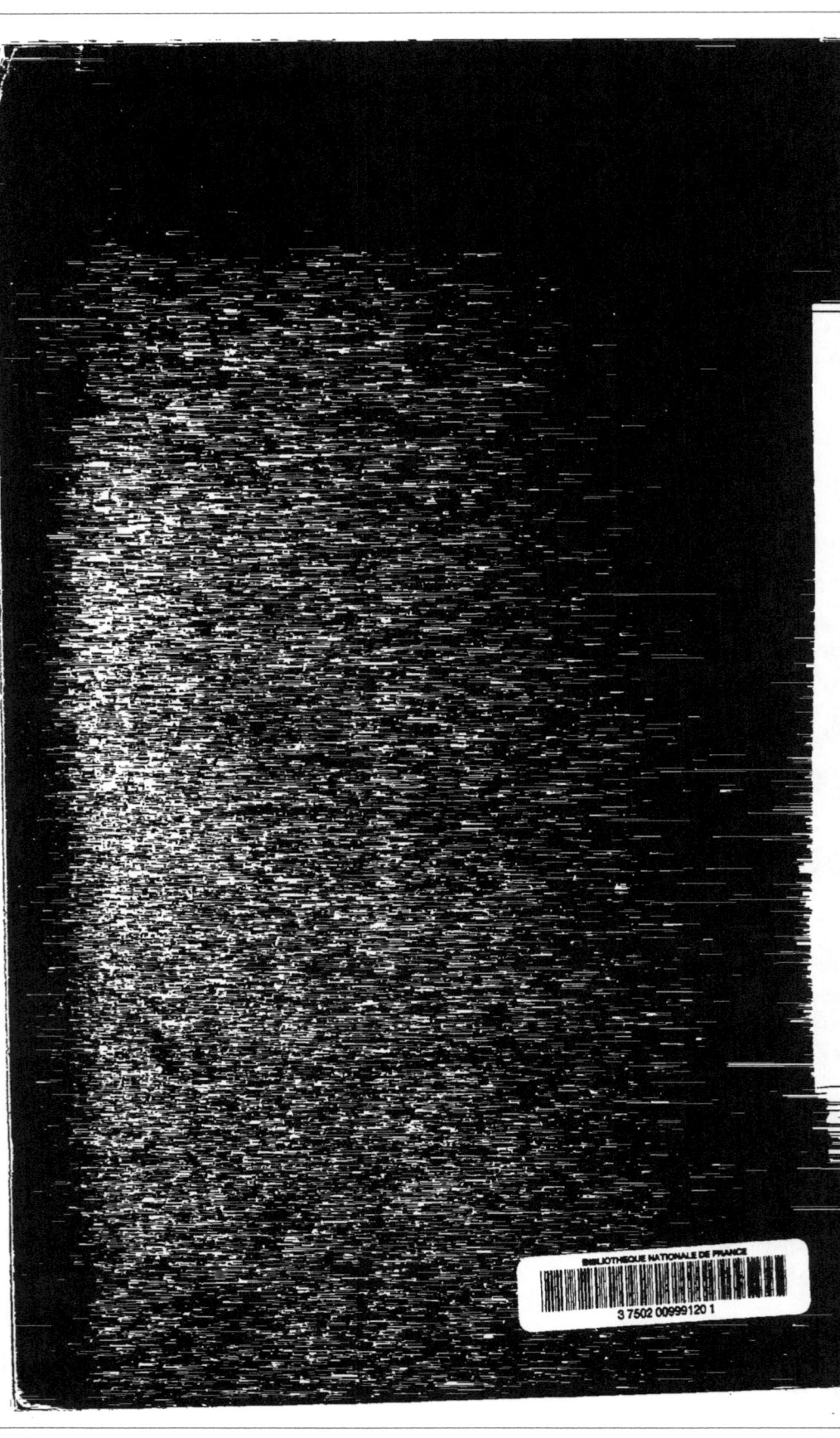

www.ingramcontent.com/pod-product-compliance
Lightning Source LLC
Chambersburg PA
CBHW070659050426
42451CB00008B/429